Erótica maldita

Cursed Erotica

MEMORIA DE LA FIEBRE

Colección de poesía

Poetry Collection

FEVERISH MEMORY

María Bonilla

ERÓTICA MALDITA

CURSED EROTICA

Traducido por / Translated by

Silvia Rafti

Nueva York Poetry Press LLC
128 Madison Avenue, Oficina 2RN
New York, NY 10016, USA
Teléfono: +1(929)354-7778
nuevayork.poetrypress@gmail.com
www.nuevayorkpoetrypress.com

Erótica maldita* / *Cursed Erotica
© 2020 María Bonilla

© Contraportada:
Monthia Sancho

ISBN-13: 978-1-950474-52-3

© Colección Memoria de la fiebre vol. 3
(Homenaje a Carilda Oliver Labra)

© Dirección:
Marisa Russo

© Edición:
Francisco Trejo

© Diseño de portada:
William Velásquez Vásquez

© Diseño de interiores:
Moctezuma Rodríguez

© Fotografías:
Ana Muñoz

Bonilla, María
Erótica maldita / *Cursed Erotica* / María Bonilla. 1a edi-- New York: Nueva York Poetry Press, 2020, 108 pp. 5.25" x 8".

1. Poesía costarricense. 2. Poesía latinoamericana.

Todos los derechos reservados. Esta publicación no puede ser reproducida, ni en todo ni en parte, ni registrada en o transmitida por, un sistema de recuperación de información, en electroóptico, por fotocopia, o cualquier otro, sin el permiso previo por escrito de la editorial, excepto en casos de citación breve en reseñas críticas y otros usos no comerciales permitidos por la ley de derechos de autor. Para solicitar permiso, contacte a la editora por correo electrónico: nuevayork.poetrypress@gmail.com

NO TENGO geografía, tiempo o memoria
que dé cuenta de mí.
Como León Felipe,
soy de un lugar del que no puedo escribir.
No hubo callecitas milenarias con rincones polvorientos;
ni mercados de frutas que guardaran los olores de mi
        historia;
tampoco geranios en la casa de una bisabuela;
olla de carne en la de una tía con el pelo como la harina;
puente de madera, hamaca o sábanas almidonadas.
No hubo patios de buganvilias,
ni macetas de albahaca y berenjenas,
noches de cazuelas, murmullos y secretos.
Nunca mi mano le dio una cucharada de sopa a una
        madre enferma.

Pero un ángel lisiado bajo el romero del jardín,
me recuerda que soy una larga línea de mujeres
que cobijan en mi piel los deseos cicatrizados de sus
        cuerpos.

I DON'T have geography, time or memory
to account for me.
Like Leon Felipe,
I am from a place I can't write about.
There weren't millenary streets with dusty corners;
nor fruit markets to keep the smells of my story;
or geraniums in my grandmother's house;
meat stews at an aunt's with hair like flour;
wooden bridge, hammock or starched bedsheets.
There weren't patios of bougainvillea,
or flowerpots of basil and eggplants,
nights of earthenware, murmuring and secrets.
Never my hand gave a spoonful of soup to an ill mother.

But a crippled angel under the garden's rosemary,
reminds me that I am a long list of women
that shelter in my skin the scarred desires of their bodies.

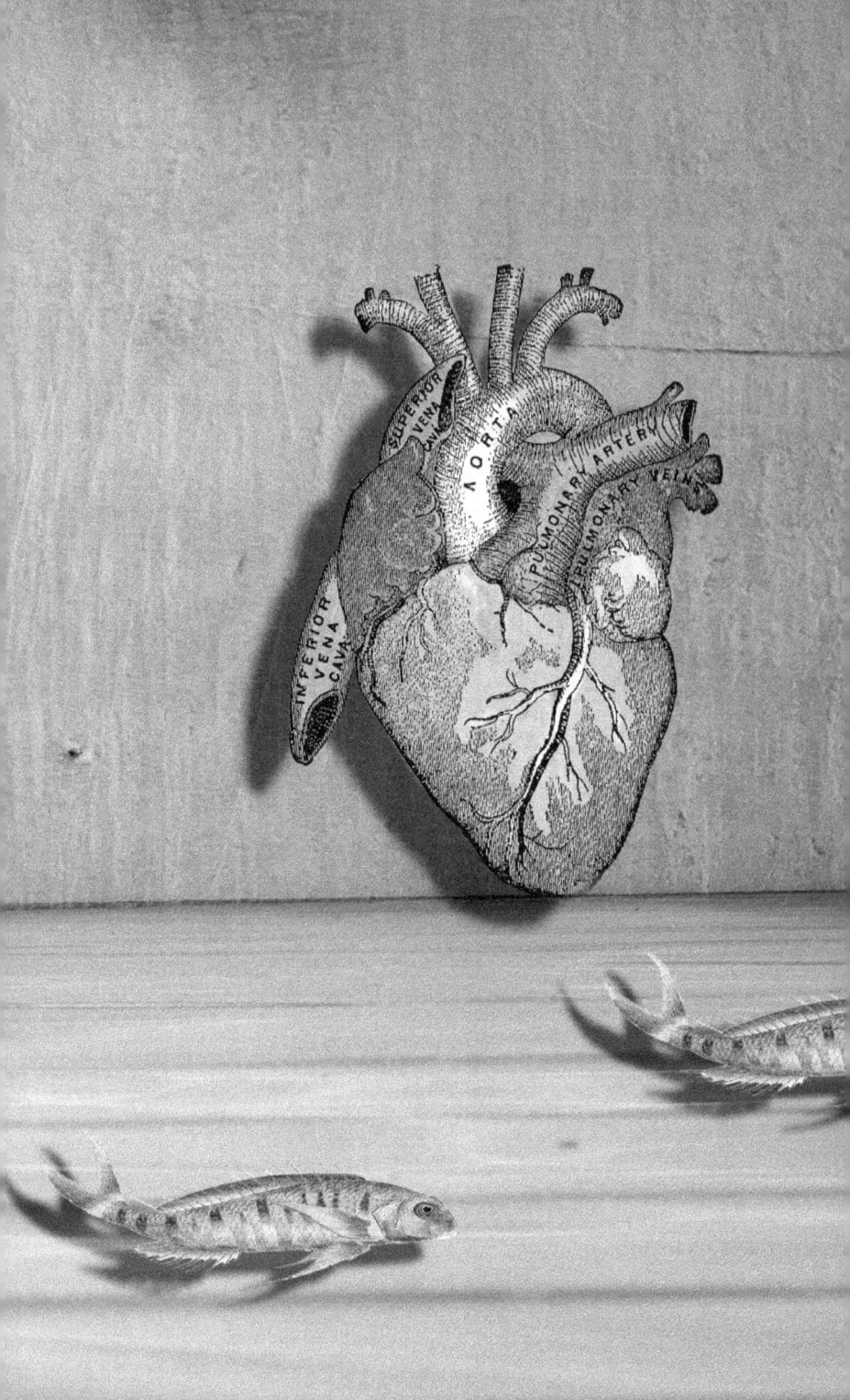

CADA AMANECER,
la misma calma extraña.
Exhausta, arrepentida, que se difumina
con el estremecimiento del bostezo
de lo que parecía estar ausente
y que se desperezaba
y la luz que iba perfilando
poco a poco los techos,
mientras los faroles cerraban sus ojos,
uno a uno;
la aparición de olores nuevos,
recién inventados,
aunque extrañamente parecidos
a los del día anterior
y a los de cada uno de los días
de ese tiempo, a ratos ajeno,
que llamamos el ayer.

Un círculo sin fin
en el momento inexplicable del sueño
y la duermevela,
que se rehace en lo mismo,
y no siempre en la misericordia
de los brazos del amor.

Me gusta el amanecer
porque alivia la angustia
inquietante de quienes,
como nosotras,
morimos bajo la lluvia,

EACH DAWN,
the same strange calm.
Exhausted, regretful, fading
with the shuddering of yawning
of what seemed to be absent
and stretched
and the light outlining
little by little the ceilings,
while the streetlights closed their eyes,
one by one;
the appearance of new smells,
newly invented,
although strangely similar
to the ones the day before
and to the ones of every day
of that time, at times someone else's,
that we call yesterday.

An endless circle
at the inexplicable moment of sleep
and the tossing and turning,
reconstructing into the same,
and not always in the mercy
of the arms of love.

I like dawn
because it eases the restless
anguish of who,
like us,
dies under the rain,

a oscuras,
mientras deambulamos
con un cuchillo con cintas rojas en la mano,
acunando la huella
de un bebé que nunca fue,
con una horca entre los dedos,
o cargando el cayado de un padre,
en espera de que el alba neblinosa
despierte enmudecida,
mirándonos de reojo,
sin una sonrisa.

Un amanecer fantasma,
uno más, entre otros tantos,
que no apacigua
ni campos ni corazones,
pero que entrecierra los ojos
de mujeres insomnes,
que vagamos la noche entera
entre la cocina y el corredor,
entre el cuarto y la puerta,
incapaces de descansar,
en espera a la luz de una vela
o a la luz pálida que se escurre
por la rendija de una ventana.

Caminando en círculos
madrugada, mañana, tarde y noche,
una y otra vez, sin aliento,
amarrados cuerpo y corazón
con tiras de tafetán lila.

in darkness,
while we wander
with a knife with red ribbons in our hand,
rocking the trace
of a baby that never was,
with a noose between the fingers,
or carrying the crook of a father,
waiting for the foggy dawn
to wake up silent,
looking askance at us,
without a smile.

A ghost dawn,
one more, of so many,
that doesn't calm
neither fields nor hearts,
but squints the eyes
of sleepless women,
wandering the entire night
between the kitchen and the hallway,
between the bedroom and the door,
uncapable to rest,
waiting for the light of a candle
or the pale light that slips
through the crack of a window.

Walking in circles
dawn, morning, evening and night,
again and again, our of breath,
bound body and heart
with strips of lilac taffeta.

Contra todo pronóstico,
sobreviviendo
las interminables
horas que arman cada anochecer.

Against all odds,
surviving
the endless
hours that make every nightfall.

EN MI FICCIÓN

I

Noches pobladas
de muchas otras como yo,
que cuentan con obsesión
sus pasos de ida y de vuelta.

Una a la que llamaron Casandra,
cuyas palabras
cayeron en algún abismo insondable.
Amontonadas en el vacío,
desaparecieron arrastradas por el viento,
que se las llevó lejos, muy lejos,
sospechosas de incertidumbre,
de poca veracidad.
Como nosotras
y nuestra extraña manera
de entender el mundo.

Ifigenia,
la condenada
a ser cordero en el nombre de la guerra,
la del deseo no nacido
porque el tiempo le faltó,
cuyos ojos se alzaron al cielo cuando vio venir el cuchillo
porque no podía mirar a los de su padre,
atravesada por ese amor que creía tener el derecho
de asesinar a su hija.

In My Fiction

I

Nights crowded
by many other like me,
telling with obsession
about their comings and goings.

One they called Cassandra,
whose words
fell into an unfathomable abyss.
Piled up in the emptiness,
they disappeared dragged by the wind,
that carried them far, very far,
suspected of uncertainty,
of little veracity.
Like us
and our strange way
of understanding the world.

Iphigenia,
condemned
to being lamb in the name of war,
the one of the unborn desire
because she lacked the time,
whose eyes rose to the heavens when she saw the knife
because she couldn't look into her father's,
pierced by that love who believed to have the right
to assassinate his daughter.

Clitemnestra,
cuyo pecado fue no aceptar que
la sangre de su sangre,
la carne de su carne,
fuera para el sacrificio…
¡Qué madre hubiera podido hacerlo!
¡Qué madre no hubiera empuñado el cuchillo como ella,
cuyo deseo eligió al que llamaron Egisto,
aunque no era su esposo,
y matar a Agamenón, su esposo!
Aquélla que, como Helena,
se atrevió a vivir su deseo
y no el de su marido ni el de sus hijos.
El suyo.

Antígona, voz, pies y ojos de su linaje,
enterrada viva por su propia voluntad
en una fosa, con una corona de azahar,
por defender los derechos de sus ancestros,
tan habituada estaba, tal vez,
a su hombro
que cargaba un padre…

Medea,
enigmática y sobrecogedora asesina de sus hijos…
Voces y voces
que dicen que los envió
con el vestido envenenado
condenándolos a muerte.

Clytemnestra,
whose sin was not accepting that
the blood of her blood,
flesh of her flesh,
was for sacrifice...
What kind of mother could have done it!
What kind of mother wouldn't have held the knife like
    her,
whose desire chose the one they called Aegisthus,
although he wasn't her husband,
and kill Agamemnon, her husband!
She who, like Helen,
dared to live her own wish
and not her husband's or her children's.
Her own.

Antigone, voice, feet and eyes of her lineage,
buried alive of her own free will
in a grave, with a crown of orange blossoms,
for defending her ancestors' rights,
accustomed she was, perhaps,
to a shoulder
carrying a father...

Medea,
enigmatic and daunting assassin of her own children...
Voices and voices
saying they were sent
with a poisoned dress
sentencing them to death.

Voces que dicen que ellos mismos
los sacrificaron por la plaga, mientras
Eurípides era pagado para que la escribiera
protagonista del asesinato de sus hijos,
limpiando así el honor corintio.
Hechicera por herencia,
exilada por amor, por miedo, a pesar
de ser capaz de ejercer gobierno y justicia;
responsable del triunfo de Jasón
y del robo del vellocino de oro;
atraviesa el estrecho de Escila y Caribdis;
revés de Ulises que lleva a los argonautas a casa.
Su rabia y su transgresión
deambula en los actos de toda mujer.

La erótica herida y oculta
en la humedad del desván
y del mito.
Largas cadenas de fantasías
que intentan explicar
el significado de las obsesiones,
miedos y preguntas
desde los ojos masculinos.
La Guerra de Troya,
culpa de la belleza de Helena
o de la envidia de Atenea.
Nunca de la ambición de Menelao,
de Agamenón y sus generales.

Voices saying that they
sacrificed them for the plague, while
Euripides was paid to write her
protagonist of her children's assassination,
cleaning therefore the Corinthian honor.
Sorceress by inheritance,
exiled for love, for fear, despite
being capable to exercise government and justice;
responsible for Jason's triumph
and the theft of the Golden Fleece;
she crosses the strait of Scylla and Charybdis;
Ulysses' opposite that takes the Argonauts home.
Her rage and transgression
roams the acts of every woman.

The erotica wounded and hidden
in the dampness of the attic
and the myth.
Long chains of fantasies
that try to explain
the meaning of obsessions,
fears and questions
of masculine eyes.
The Trojan War,
because of Helen's beauty
or Athena's envy.
Never because of the ambition of Menelaus
Agamemnon and their generals.

Los hombres sueñan con ser héroes
que buscan, como Prometeo, el fuego de los dioses.
Las mujeres soñamos con no ser Perséfone,
culpable de despertar el amor en Hefesto
y dar el invierno a la tierra.
No ser Quimera ni Medusa.
Ni Pasifae,
cuyo deseo la lleva a unirse
al toro de Creta,
traicionar a Minos y dar a luz al minotauro,
al que mata Teseo.
Olvidamos siempre que con la ayuda de Ariadna.

Soñando, como aquella mujer inmensa
que meditaba su insomnio en el umbral,
dormir larga, profundamente,
como la mujer que es feliz.

Mujeres-ficción, escritas
por los fantasmas de hombres
y pueblos perturbados
por la erótica femenina,
que tienen valor de verdad
porque la verdad sólo puede expresarse
en forma mítica.
Exiladas, prisioneras…
Apátridas.
Sin carruajes dorados,
a lo sumo, tal vez,
una cueva donde malvivir.

Men dream about being heroes
searching, like Prometheus, the fire of the Gods.
Women dream about not being Persephone,
guilty of awakening Hephaestus' love
and bringing winter to earth.
Not being Chimera or Medusa.
Or Pasiphaë
whose desire brings her to join
the bull of Crete,
betray Minos and give birth to the Minotaur,
killed by Theseus.
We always forget with Ariadne's help.

Dreaming, like that immense woman
meditating her insomnia at the doorstep,
sleep long and deep,
like the happy woman.

Fiction women, written
by the ghosts of men
and people perturbed
by feminist erotica,
that have real value
because the truth can only be expressed
in a mythical way.
Exiled, imprisoned…
stateless.
Without golden carriages,
the most, perhaps,
a cave to scrape out a living.

Historia desdichada.
Compramos esposo a un precio extravagante
y conseguimos un amo para nuestro cuerpo.
Viendo llover en Corinto,
como Isabel vio en Macondo que
el invierno se precipitó un domingo a la salida de misa.

Sombras de deseos femeninos imaginados,
que nos valieron ser malditas.
Malditas por los siglos de los siglos,
amén.
Y que hacen impensable
descansar en paz.

Unfortunate history.
We buy husbands at an outrageous price
and we get a master for our body.
Watching it rain in Corinth,
like Isabel saw in Macondo that
winter fell one Sunday when people were coming out of church.

Shadows of imagined feminine desires,
that cursed us.
Cursed for ever and ever,
Amen.
And that make it unthinkable
to rest in peace.

II

Una Cordelia,
cuyos pasos laten en el vacío del comedor.
La menor de las tres hijas
de un padre sin mujer,
escritas por otro hombre que las dejó sin madre,
como a todas las otras mujeres que escribió.
La niña de los ojos de su padre,
–que no por haber alcanzado su ancianidad,
estaba más dispuesto a no seguir siendo el dueño
del poder,
del destino de su reino
y de la vida y amores de sus tres hijas–,
que no quiso callar.
No pudo callar.
Su padre dividía su reino en tres,
descargando su vejez de tareas y cuidados.
Parecía verdad, pero era mentira.
Ella, con las palabras más justas y certeras
que su corazón encontró,
decidió jugarse el amor de su padre,
su herencia,
su destino como mujer
y su vida de habitante del único mundo que conocía.
Y vio, como en una visión,
una noche de tormenta en campo abierto,
a su pobre y solitario padre,
reconocer su propia locura en el agua de la lluvia,
y clamar por los corazones duros
–él, que tenía el más duro–.

II

A Cordelia,
whose steps beat in the emptiness of the dining room.
The younger of three daughters
of a father without a wife,
written by another man who left them without a mother,
like all the other women he wrote.
The apple of her father's eyes,
—who despite having reached his old age,
was more willing to not continue being the owner
of power,
of his kingdom's destiny
and the lives and loves of his three daughters—,
who didn't want to keep quiet.
She couldn't keep quiet.
Her father divided his kingdom in three,
unleashing his old age of tasks and cares.
It seemed to be true, but it was a lie.
She, with the most just and accurate words
her heart found,
decided to risk her father's love,
her inheritance,
her destiny as a woman
and her life as the inhabitant of the only world she knew.
And she saw, as if in a vision,
a stormy night in an open field,
her poor and lonely father
recognizing his own insanity in the rainwater,
and claiming for the tough hearts
—he, who had the toughest—.

Y ella, la más pequeña de sus hijas,
eligió por segunda vez que su padre
decidiera su destino y entró a una guerra
que no le pertenecía y enfrentó una mirada
que siempre la vio de lado.
Pero sus ojos la reconocieron
y de los suyos bajaron en torrente
lágrimas de amor por él,
por ella y por esta su vida
que se acabó allí, entre sus brazos,
por un poder
maldito por los siglos de los siglos,
amén.

Ana,
quien la noche misma del entierro de su esposo,
deshecha en lágrimas,
no pudo devolver muerte con muerte
y terminó en la cama,
esa noche misma,
con su asesino,
desgarrada de su principio de realidad
por el encuentro de la erótica y la muerte
ante el cual, esa Ana siempre silenciosa,
cantó y caminó desde esa aciaga noche,
su única posibilidad de nombrar su tragedia.

Mujeres escritas en
esa erótica de la palabra,
fuente de malentendidos,

And she, the youngest of her daughters,
chose a second time for her father
to decide her destiny and enter a war
that didn't belong to her and confronted a gaze
that always looked at her sideways.
But his eyes recognized her
and from hers ran torrents
of tears of love for him,
for her and this her life
that ended there, between his arms,
for a power
cursed for ever and ever,
Amen.

Ana,
who the same night of her husband's burial,
dissolved into tears,
couldn't repay death with death
and ended up in bed,
that same night,
with his assassin,
stripped of her principle of reality
due to the encounter of eroticism and death
before which, that Ana always silent,
sang and walked since that fateful night,
her only possibility to name her tragedy.

Women written in
that eroticism of the word,
source of misunderstandings,

dueña de un deseo propio,
de una carne y un espíritu
que busca convocar al otro y
nombrarlo amante y amado
y que termina en gritos atrapados
en gargantas contraídas,
que van cada anochecer
a ninguna parte y regresan
puntualmente una y otra vez,
porque no hay lugar adónde ir
desde esta femineidad perseguida.

owner of its own desire,
of a flesh and a spirit
that looks to summon the other one and
name him lover and beloved
and ending in screams trapped
in contracted throats,
going nowhere
every nightfall and returning
punctually again and again,
because there is no place to go
from that persecuted femineity.

III

Otras muchas también erraban
perdidas en los recovecos de mi linaje.

Una Nora, en una ventana
que soñaba geranios florecidos,
siempre infantil, seductora, coqueta,
misteriosa e irresponsable,
tal y como se vio siempre
reflejada en los ojos masculinos
que la miraban.
Escritura de una erótica femenina
que es error,
calle ciega, incertidumbre
o secreto que debe soterrarse,
sin siquiera el consuelo de que un día,
como a las palabras, se la lleve el viento
y que cada noche desanda
alrededor de su casa,
a la espera de que vuelva a ser un hogar.

O Cristina, que trabajó siempre,
más aún cuando tomaron prisionero a su marido
y pasea sin rumbo la noche entera,
porque no tiene nada que perder,
puesto que no tiene nada.
Su erótica muere en un pozo de soledad
y carga un revólver entre los pliegues de su bata
para cuando la cotidianeidad,

III

Many others also roamed
lost in the bends of my lineage.

A Nora, at a window
dreaming of flowery geraniums,
always childish, seductive, flirtatious,
mysterious and irresponsible,
just as she always saw herself
reflected in the masculine eyes
that looked at her.
The writing of a feminine eroticism
which is a mistake,
blind street, uncertainty
or secret that must be buried,
without even the consolation that one day,
like words, be carried away by the wind
and every night rests
around her house,
waiting for it to be a home again.

Or Christina, who always worked,
even more when her husband was taken prisoner
and walks aimlessly the entire night,
because she has nothing to lose,
given that she has nothing.
Her eroticism dies in a well of loneliness
and carries a revolver between the creases of her robe
for when everyday life,

–inmersa en el silencio y la palabra ajena,
la ignorancia de sus sueños y de sí misma–
o tan solo para cuando la noche,
termine por ser una carga insoportable.

—submerged in silence and the words of another,
the ignorance of her dreams and of herself—
or just for when the night,
end up being an unbearable weight.

IV

Alice, con 15 años,
que vivía en una casa pequeña muy cerca de una estación
de trenes a nunca supo dónde.
Ese mismo año se desangraba
a manos de su madre,
avergonzada de su embarazo y de las miradas
acusadoras de quienes la rodeaban.

No había sido la única muerte en su escuela.
Mauricio, de 16 años, se suicidó
después de ser condenado a un correccional,
junto a Jorge,
por haber descubierto la homosexualidad
en una tarde feliz.

Una erótica de la cárcel,
la proscripción, la clandestinidad
y el desgarro
cuando su interlocutor es la ley.

Ahora, todas esas madres sin hijos,
se sientan en las mesas de sus cocinas,
mirando al vacío desde que el sol se oculta
hasta que vuelve a salir.

IV

Alice, at 15 years old,
who lived in a small house very close to a station
with trains of destinations unknown to her.
That same year she bled
at her mother's hands,
ashamed of her pregnancy and the accusatory
looks of those around her.

It hadn't been the only death at her school.
Mauricio, of 16, committed suicide
after being sentenced to prison,
together with Jorge,
for discovering homosexuality
one happy evening.

And erotica of jail,
the proscription, the hiding
and the tearing up
when its interlocutor is the law.

Now, all those mothers without children,
sit at their kitchen tables,
looking at the emptiness from where the sun hides
until it comes out again.

V

Una Marie que habitaba lejos de la iglesia.
Su primer amor
le temía al compromiso,
una tarde lejana se fue y no volvió nunca.
Su segundo amor
tenía tan mala relación consigo mismo
y con su cuerpo,
que una mañana oscura desapareció
por el camino sin dejar rastro.
Cuando llegó su tercer amor,
Marie quería irse.
Quiso quedarse,
él, que ella se quedara,
que él se fuera con ella,
que él le pidiera quedarse,
que ella le pidiera que se fuera con ella,
pero el instante se fue tan rápidamente,
que la erótica, sin contacto físico,
que intercambia palabras inútiles,
pareció reconocerse,
pero, desmemoriada, se terminó olvidando
en este sexo culpable de la expulsión del Paraíso
y del pecado original,
siempre objeto del deseo de otro,
maltratado,
que creyó tener el derecho de vivir su vida
sin pegarse un tiro en el intento.

V

A Marie who lived far from church.
Her first love
was afraid of commitment,
one evening long ago he left and never returned.
Her second love
had such a poor relationship with himself
and his body,
that a dark morning he disappeared
on the road without a trace.
When her third love arrived,
Marie wanted to leave.
She wanted to stay,
he, that she would stay,
that he left with her,
that he asked her to stay,
that she asked him to leave with her,
but the instant faded so fast,
that the eroticism, without physical contact,
that exchanges useless words,
seemed to recognize itself,
but absent minded, she ended up forgetting
in this sex guilty of the banishing from Paradise
and the original sin,
always object of the other one's desire,
mistreated,
that thought to have the right to live her life
without shooting herself in the process.

En mi realidad

I

Una Nusch Eluard,
la musa sin nombre y sin vida propia,
casi madre de la hija abandonada por la diosa Gala,
la insomne a quien Lacan recetó escribir o pintar,
imagen-musa de los surrealistas,
que muere sola en una calle de París,
de golpe, vagando, como vivió.
Erótica idealizada
de algún objeto de deseo
de un artista necesitado,
que no alcanza para hacernos
reconciliar al sueño,
ni con la ayuda de ningún licor
morado, verde o traslúcido.

Edith, corazón malherido en un cuerpo malherido.
Rodaba por las calles cantando, soñando
y enamorándose en cada esquina.
Más que mujer,
un gorrión pequeño y frágil
que se posaba en las altas torres,
en los campanarios, en las estatuas de los puentes.
Con frío, de noche,
con viento, de madrugada

In My Reality

I

A Nusch Elouard,
the muse without a name and a life of her own,
almost a mother to the daughter abandoned by the
      goddess Gala
the insomniac to whom Lacan prescribed writing or
      painting,
muse-image of the surrealists,
who dies alone in a street of Paris,
suddenly, wandering, just as she lived.
Idealized eroticism
of a needy artist's
object of desire,
not enough to make us
fall asleep,
without even the help of a liquor
violet, green or clear.

Edith, gravely injured heart in a gravely injured body.
Rolled down the streets singing, dreaming
and falling in love at every corner.
More than a woman,
a small and fragile sparrow
perched on high towers,
bell towers, on the statues of bridges.
With the cold, at night,
with the wind, at dawn

y que muchos muchos años después
su voz sigue resonando
en callejones solitarios y malolientes,
definiendo nuestra imagen
más melancólica de esa ciudad
que una vez fue París.

O Virginia,
nacida en el mismo lugar
en el que no sé si alguna de las dos quiso nacer,
con su trenza negra y un mechón plateado brillando al
        sol;
sus palabras hirientes y agudas,
belleza ingrata y resplandeciente,
de ojeras negras tan profundas
como su marcado y negro mirar;
la boca siempre disparando,
socarrona y vibrante;
su vida de gitana a traspiés,
inquieta y revolucionaria.

Eróticas y palabras,
que, por el coraje de vivir y decirse,
pagaron el precio que les cobraron.

and that many years later
her voice still resounds
in lonely and malodorous alleys,
defining our image
more melancholic of that city
that was once Paris.

Or Virginia,
born in the same place
where I don't know if any of the two wanted to be born,
with her long braid and a silver lock shining under the
       sun;
her hurtful and sharp words,
ungrateful and glowing beauty,
of black ears so deep
liker her marked and black gaze;
the mouth always shooting,
sarcastic and vibrant;
her gipsy life stumbled,
restless and revolutionary.

Eroticism and words,
that, for the courage to live and decide,
paid the price they were charged.

II

Mujeres evanescentes, irreales,
como otra, nacida en esta mi misma geografía,
de la cual, a pesar de sus muchos viajes,
nunca logró salir;
de ojos que veían más allá
de su mirada y sus ventanas;
cuyas palabras que escapaban sin control
y con la inocencia de quien no es consciente
del peligro de lo que dice;
los interminables destinos
que hacían fila en su rincón oscuro;
su poder frágil y poderoso
que la cansaba tanto pero que
tuvo el coraje de dar cuenta de ella.

Y otra más,
nacida en un país lejano del mío,
precoz y audaz, más allá de su sexo y su condición.
Su interior ardiente y juguetón,
siempre ajustando cuentas
con su condición de mujer,
volcado en su palabra,
implacablemente consciente del peligro que encerraba.
Su muerte a balazos a manos del hombre
que había jurado amarla
hasta que la muerte los separara
y lo cumplió.

II

Evanescent women, unreal,
like another, born here in my own geography,
of which, despite her many journeys,
she was never able to leave;
of eyes that saw beyond
her gaze and her windows;
whose words escaped out of control
and with the innocence of who is not conscious
of the danger of what she says;
the endless destinies
queuing in her dark corner;
her fragile and strong power
that tired her so but
had the courage to account for her.

An one more,
born in a country far from mine,
precocious and daring, beyond her sex and condition.
Her burning and playful insides,
always settling scores
with her condition of woman,
poured on her word,
inexorably conscious of the danger it held.
Her death by gunshot at the hands of a man
who swore to love her
until death due them part
and fulfilled it.

Y tantas otras más,
versiones de esta Ofelia
y de esta Delmira,
de eróticas invadidas,
cuyas huellas marcan mis pasos y son yo misma.

And so many others,
versions of this Ophelia
and this Delmira,
of invalid eroticism,
whose traces mark my steps and are myself.

III

Mujeres en busca de otras mujeres transparentes,
que caminan incansables entre cerezos y narcisos,
sentadas en las bancas de los parques,
de ojos grandes y grises,
escribiendo sin notar nada a su alrededor,
perdidas en sus laberintos interiores,
que parecen venir de muy lejos
y estar más lejos aún,
en un paisaje verde de montañas y neblinas,
que de repente levantan su mirada al cielo,
buscando una palabra,
un amor,
un hijo
o un color;
que parecen estar desorientadas
aunque saben dónde están o que, a lo mejor,
solo buscan su lugar,
su hogar
y su corazón.

Mujeres traslúcidas,
cargando interminables
colchas de parches de sus vidas en pedazos,
libros, bolsos, niños,
perros, gatos, melocotones,
zanahorias y penas,
palabras que nunca dijeron,
anhelos que nunca realizaron,

III

Women seeking other transparent women,
walking tirelessly between cherry trees and daffodils,
sitting on the benches of the parks,
of big and gray eyes,
writing without noticing anything around them,
lost in their interior labyrinths,
that seem to come from very far
and be even farther,
in a green landscape of mountains and fog,
suddenly raising their eyes to the sky,
looking for a word,
a love,
a son
or a color;
that seem disoriented
although they know where they are or that, perhaps,
are only looking for their place,
their home
and their heart.

Translucent women,
carrying endless
quilts of patches of their lives in pieces,
books, purses, children,
dogs, cats, peaches,
carrots and shame,
words they never said,
desire they never fulfilled,

sentimientos que nunca confesaron,
pero que respiran enraizados en sus cuerpos
y en sus corazones,
que corren de prisa ante mis ojos,
pero cuando las miro alejarse,
se desvanecen como espejismos.

Y tantas otras más,
versiones de esta Marisa
y de estas desconocidas que son yo misma.

Adolescentes, maduras, viejas,
atormentadas,
delirios de comunidades
constituidas en ley,
sin posibilidad de riesgo,
de elección.
Cuerpos en primera persona,
en acto,
en ejercicio de vida y por ello,
fuera de todo mandato, al margen,
en ejercicio de muerte,
que sueñan descansar en paz
en la misma tierra fría donde reposan
todas las sacrificadas a la ley
y al poder,
oyendo cómo arriba, sin acceso a ellas,
pasa el viento.

feelings they never confessed,
but that breathe rooted in their bodies
and in their hearts,
running fast before my eyes,
but when I watch them going away,
they fade like mirages.

And so many more,
versions of this Marisa
and these strangers that are myself.

Adolescents, mature, old,
tormented,
deliriums of communities
constituted by law,
without the possibility of risk,
of choice.
Bodies in first person,
in action,
in exercise of life and therefore,
out of all order, on the side,
in exercise of death,
dreaming to rest in peace
in the same cold soil where
all those sacrificed to the law
and power rest,
hearing how above, without access to them,
blows the wind.

RECOJO, UNA a una, a todas estas mujeres
que no logran dormir en sus camas demasiado grandes
o demasiado solas,
que ven llegar el día, cada día, extenuadas,
detenidas en la rabia de un jueves a las 6 de la mañana,
en la ferocidad de un 31 de julio
o en el arañazo de un televisor sin imagen ni sonido
y que viven clavadas en mis rodillas y travesías.

Mujeres con su rabia amordazada, los deseos ahogados,
sus cuerpos acallados, contando cada grano de maíz,
cada puntada, cada piedra a su paso.
Mujeres ensartadas, cosidas, entretejidas a mi cuerpo,
a mi alma y a mi escritura.

Porque no importa la fecha, no importa el lugar
ni la memoria, no importa la paternidad ni la dimensión,
las mujeres siempre morimos
en el abrazo de cada puñalada de nuestro andar, de pie,
con los ojos alucinados, abiertos al abismo,
secos y ardiendo, bajo una lluvia inmisericorde.

I COLLECT, one by one, all these women
unable to sleep on their own beds too big
or too lonely,
watching the day come, every day, exhausted,
held in the rage of a Thursday at six in the morning,
in the ferocity of a 31st of July,
or the scratch of a TV without image or sound
and living stuck in my knees and journeys.

Women with their rage gagged, the dreams suffocated,
their bodies silenced, counting every kernel of corn,
every stitch, every rock on their path.
Women stringed, stitched, interwoven in my body,
my soul and my writing.

Because it doesn't matter the date, it doesn't matter the place
or the memory, it doesn't matter paternity or dimension,
we women always die
in the embrace of each stabbing of our steps, standing,
with staggered eyes, open to the abyss,
dried and burning, under a merciless rain.

ACERCA DE LA AUTORA

María Bonilla es doctora en Estudios Técnicos y Estéticos del Teatro (Universidad de París VIII), ex Directora Escuela de Artes Dramáticas y Teatro Universitario (Universidad de Costa Rica), gestión en la cual inaugura ambas sedes.
Directora teatral y actriz profesional desde 1974, ex Directora Colegio de Costa Rica y Compañía Nacional de Teatro.
Ha ganado tres Premios Nacionales al Mejor Director (1998, 1999 y 2000).
Fundadora y directora del Teatro UBU. Pionera de las creaciones escénicas a partir de la imagen y la multidisciplinariedad, ha representado a Costa Rica en Festivales de Teatro en América y Europa.
Ha publicado las novelas *Mujer después de la ventana* (2000), *Al borde del aliento, otoño, La actriz, Hasta que la vida nos separe* y *Augustine, mi otra ficción, La mujer del camino de las cigüeñas, Hecho de guerra*; así como los poemarios *Libro de Sombras, Delirio de las horas oscuras* y *Marcas de agua, Yo soy aquella a la que llamaron Antígona* y *Ofelia y Hamlet*. "La dramaturgia que inventó una identidad" y "La luna mira: diálogos y disquisiciones entre la escena y el diván", en colaboración con la psicoanalista Ginnette Barrantes, "La novela femenina contemporánea: la reescritura del imposible en la erótica de la invisibilidad y el silencio, estaciones de un viaje hacia uno mismo" y "Cartografías de sí", son algunos de sus ensayos.

ABOUT THE AUTHOR

María Bonilla is doctorate in Technical and Aesthetic Theater Studies (University of Paris VIII), former director of Dramatic Arts School and University Theater (University of Costa Rica).
Theatrical director and professional actress since 1974, former director of Colegio de Costa Rica and the National Theater Company.
She has won three national awards for best director (1998, 1999 and 2000).
Founder and director of the theater UBU. Pioneer of scenic creations steming from image and multidiscipline, she has represented Costa Rica in theater festivals in America and Europe.
She published her novels *Mujer después de la ventana (Woman after the window)*, *Al borde del aliento (On the verge of breath, autumn)*, *La actriz (The actress)*, *Hasta que la vida nos separe (Until life do us part)*, *Augustine, mi otra ficción (Augustine, my other fiction)*, *La mujer del camino de las cigüeñas (The woman of the storks' path)*, *Hecho de guerra (A fact of war)* and *Costura a trasluz (Candelight seam)*; as well as the poem collections *Libro de Sombras (Book of Shadows)*, *Delirio de las horas oscuras (Delirium of the dark hours)*, *Marcas de agua (Watermarks)*, *Yo soy aquélla a la que llamaron Antígona (I am she who they call Antigone)* and *Ofelia y Hamlet (Ophelia and Hamlet)*.

Premio Fernández Ferraz 2010 (Instituto de Cultura Hispánica), Premio LA GLO 2013, (Encuentro de Mujeres de Iberoamérica en las Artes Escénicas, FIT de Cádiz, España), Premio Latinoamericano de Literatura Jorge Calvimontes y Calvimontes 2015 en Novela con *Hasta que la vida nos separe*.

And the essays "La dramaturgia que inventó una identidad" *(The dramaturgy that invented an identity)* and "La luna mira: diálogos y disquisiciones entre la escena y el divan" *(The moon is watching: dialogues and disquisitions between the scene and the divan)*, with the psychoanalyst Ginnette Barrantes, "La novela femenina contemporánea: la reescritura del imposible en la erótica de la invisibilidad y el silencio, estaciones de un viaje hacia uno mismo" *(The contemporary feminine novel: the rewriting of the impossible in the erotic of invisibility and silence, stations in a journey to oneself)* and "Cartografías de sí".

Fernández Ferraz award 2010 (Institute of Hispanic culture), LA GLO award 2013, (Meeting of Latinamerican women in Scenic Arts, FIT in Cadiz, Spain), Jorge Calvimontes and Calvimontes Latin American Literature award 2015 in the Novel category with *Hasta que la vida nos separe (Until death do us part)*.

ÍNDICE

Erótica maldita

Cursed Erotica

No tengo geografía… · 12
I don't have geography… · 13
Cada amanecer… · 16
Each dawn… · 17
En mi ficción · 24
In My Fiction · 25
En mi realidad · 58
In My Reality · 59
Recojo, una a una, a todas estas mujeres · 76
I collect, one by one, all these women · 77

Acerca de la autora · 82
About the Author · 83

Colección
VIVO FUEGO
Poesía esencial
(Homenaje a Concha Urquiza)

1
Ecuatorial / Equatorial
Vicente Huidobro

Colección
CUARTEL
Premios de poesía
(Homenaje a Clemencia Tariffa)

1
El hueso de los días.
Camilo Restrepo Monsalve
-
V Premio Nacional de Poesía
Tomás Vargas Osorio

Colección
PIEDRA DE LA LOCURA
Antologías personales
(Homenaje a Alejandra Pizarnik)

1
Colección Particular
Juan Carlos Olivas

2
Kafka en la aldea de la hipnosis
Javier Alvarado

3
Memoria incendiada
Homero Carvalho Oliva

4
Ritual de la memoria
Waldo Leyva

5
Poemas del reencuentro
Julieta Dobles

6
El fuego azul de los inviernos
Xavier Oquendo Troncoso

7
Hipótesis del sueño
Miguel Falquez Certain

8
Una brisa, una vez
Ricardo Yañez

9
Sumario de los ciegos
Francisco Trejo

10
A cada bosque sus hojas al viento
Hugo Mujica

Colección
CRUZANDO EL AGUA
Poesía traducida al español
(Homenaje a Sylvia Plath)

1
*The Moon in the Cusp of My Hand /
La luna en la cúspide de mi mano*
Lola Koundakjian

2
And for example / Y por ejemplo
Ann Lauterbach

3
Sensory Overload / Sobrecarga sensorial
Sasha Reiter

Colección
MUSEO SALVAJE
Poesía latinoamericana
(Homenaje a Olga Orozco)

1
La imperfección del deseo
Adrián Cadavid

2
La sal de la locura / Le Sel de la folie
Fredy Yezzed

3
El idioma de los parques / The Language of the Parks
Marisa Russo

4
Los días de Ellwood
Manuel Adrián López

5
Los dictados del mar
William Velásquez Vásquez

6
Paisaje nihilista
Susan Campos Fonseca

7
La doncella sin manos
Magdalena Camargo Lemieszek

8
Disidencia
Katherine Medina Rondón

9
Danza de cuatro brazos
Silvia Siller

10
Carta de las mujeres de este país / Letter from the Women of this Country
Fredy Yezzed

11
El año de la necesidad
Juan Carlos Olivas

12
El país de las palabras rotas / The Land of Broken Words
Juan Esteban Londoño

13
Versos vagabundos
Milton Fernández

14
Cerrar una ciudad
Santiago Grijalva

15
El rumor de las cosas
Linda Morales Caballero

16
La canción que me salva / The Song that Saves Me
Sergio Geese

17
El nombre del alba
Juan Suárez

18
Tarde en Manhattan
Karla Coreas

19
Un cuerpo negro / A Black Body
Lubi Prates

20
Sin lengua y otras imposibilidades dramáticas
Ely Rosa Zamora

21
El diario inédito del filósofo vienés Ludwig Wittgenstein /
Le Journal Inédit Du Philosophe Viennois Ludwig Wittgenstein
Fredy Yezzed

22
El rastro de la grulla / *The Crane's Trail*
Monthia Sancho

23
Un árbol cruza la ciudad / *A Tree Crossing The City*
Miguel Ángel Zapata

24
Las semillas del Muntú
Ashanti Dinah

25
Paracaidistas de Checoslovaquia
Eduardo Bechara Navratilova

26
Este permanecer en la tierra
Angélica Hoyos Guzmán

27
Tocadiscos
William Velásquez

28
De como las aves pronuncian su dalia frente al cardo /
How the Birds Pronounce Their Dahlia Facing the Thistle
Francisco Trejo

29
El escondite de los plagios / *The Hideaway of Plagiarism*
Luis Alberto Ambroggio

30
Quiero morir en la belleza de un lirio /
I Want to Die of the Beauty of a Lily
Francisco de Asís Fernández

Colección
VEINTE SURCOS
Antologías colectivas
(Homenaje a Julia de Burgos)

1
Antología 2020 / Anthology 2020
Ocho poetas hispanounidenses / Eight Hispanic American Poets
Luis Alberto Ambroggio

Colección
PARED CONTIGUA
Poesía española
(Homenaje a María Victoria Atencia)

1
La orilla libre / The Free Shore
Pedro Larrea

2
No eres nadie hasta que te disparan /
You are nobody until you get shot
Rafael Soler

Colección
SOBREVIVO
Poesía social
(Homenaje a Claribel Alegría)

1
#@nicaragüita
María Palitachi

Colección
TRÁNSITO DE FUEGO
Poesía centroamericana y mexicana
(Homenaje a Eunice Odio)

1
41 meses en pausa
Rebeca Bolaños Cubillo

2
La infancia es una película de culto
Dennis Ávila

3
Luces
Marianela Tortós Albán

4
La voz que duerme entre las piedras
Luis Esteban Rodríguez Romero

5
Solo
César Angulo Navarro

6
Échele miel
Cristopher Montero Corrales

7
La quinta esquina del cuadrilátero
Paola Valverde

8
El diablo vuelve a casa
Marco Aguilar

9
El diablo vuelve a casa
Randall Roque

10
Intimidades / Intimacies
Odeth Osorio Orduña

11
Sinfonía del ayer
Carlos Enrique Rivera Chacón

12
Tiro de gracia / Coup de Grace
Ulises Córdova

13
Al olvido llama el puerto
Arnoldo Quirós Salaza

Colección
LABIOS EN LLAMAS
Poesía emergente
(Homenaje a Lydia Dávila)

1
Fiesta equivocada
Lucía Carvalho

2
Entropías
Byron Ramírez Agüero

3
Reposo entre agujas
Daniel Araya Tortós

Colección
MUNDO DEL REVÉS
Poesía infantil
(Homenaje a María Elena Walsh)

1
Amor completo como un esqueleto
Minor Arias Uva

2
Del libro de cuentos inventados por mamá
La joven ombú
Marisa Russo

Colección
MEMORIA DE LA FIEBRE
(Homenaje a Carilda Oliver Labra)

1
Bitácora de mujeres extrañas
Esther M. García

2
Un jacaranda en medio del patio
Zel Cabrera

3
Erótica maldita
María Bonilla

Para los que piensan, como Pedro Salinas, que la poesía es "la esencia de la realidad, descubriendo el tiempo y sus interrogantes", este libro se terminó de imprimir en noviembre de 2020 en los Estados Unidos de América.

www.ingramcontent.com/pod-product-compliance
Lightning Source LLC
LaVergne TN
LVHW041341080426
835512LV00006B/556